Schweizer Fakten
Faits Suisses
Fatti Svizzeri
Fatgs Svizzers

@schweizer_fakten

REDAKTION: Anaïs Decasper, Pasquale Stramandino, Nadia Goedhart, Luzi Fricker, Fabienne Wernly, Michel Schelker, Ursina Mühlethaler, Sandro Galfetti, Laura Eberle, Karin Bearpark, Marc Bachmann, Lisa Crescionini, Andy Fischer, Stephanie Röder, Nadja Kyburz, Pascal Aminzadeh, Kathrin Wyss, Roger Spillmann, Dominique Heller, Sara Andrenacci, Simon Moser, Prisca Häberli, Ramon Joss, Larissa Langone, Mirco Rust, Vivian Kunkler, Lars Näpflin, Andrea Jenny, Flurin Spescha.
GRAFIK: Laura Steiger **IDEE&KONZEPT:** Bernhard Brechbühl

HERAUSGEBERIN:
ENERGY SCHWEIZ AG

@schweizer_fakten

Schweizer Fakten
Faits Suisses
Fatti Svizzeri
Fatgs Svizzers

@schweizer_fakten

www.energy.ch

Ein Buch der Energy Gruppe,
erschienen in der Beobachter-Edition,
Ringier Axel Springer Schweiz AG.

ISBN 978-3-03875-261-5

Schweizer Fakten
Faits Suisses
Fatti Svizzeri
Fatgs Svizzers

99,7%

der Schweizer sind stolz auf ihre vier Landessprachen, können aber nur eine.

@schweizer_fakten

POSTKARTE

Schweizer Fakten
Faits Suisses
Fatti Svizzeri
Fatgs Svizzers

@schweizer_fakten

Schweizer Fakten
Faits Suisses
Fatti Svizzeri
Fatgs Svizzers

99,4%

der Schweizer waren mindestens einmal mit der Schule im Verkehrshaus oder Technorama.

POSTKARTE

Schweizer Fakten
Faits Suisses
Fatti Svizzeri
Fatgs Svizzers

@schweizer_fakten

Schweizer Fakten
Faits Suisses
Fatti Svizzeri
Fatgs Svizzers

98,6%

der Schweizer sagen «also», um sich am Telefon zu verabschieden.

POSTKARTE

Schweizer Fakten
Faits Suisses
Fatti Svizzeri
Fatgs Svizzers

@schweizer_fakten

Schweizer Fakten
Faits Suisses
Fatti Svizzeri
Fatgs Svizzers

99,1%

der Schweizer klatschen bei der Landung im Ferienflieger.

POSTKARTE

Schweizer Fakten
Faits Suisses
Fatti Svizzeri
Fatgs Svizzers

@schweizer_fakten

Schweizer Fakten
Faits Suisses
Fatti Svizzeri
Fatgs Svizzers

99,9%

der Schweizer Bankfilialen haben angekettete Kugelschreiber.

@schweizer_fakten

POSTKARTE

Schweizer Fakten
Faits Suisses
Fatti Svizzeri
Fatgs Svizzers

@schweizer_fakten

Schweizer Fakten
Faits Suisses
Fatti Svizzeri
Fatgs Svizzers

97,7%

der Schweizer sagen «Das wär würklich nöd nötig gsi», wenn sie vom Gast ein Mitbringsel erhalten.

POSTKARTE

Schweizer Fakten
Faits Suisses
Fatti Svizzeri
Fatgs Svizzers

@schweizer_fakten

Schweizer Fakten
Faits Suisses
Fatti Svizzeri
Fatgs Svizzers

99,7%

der Schweizer verstehen die Walliser nicht.

@schweizer_fakten

POSTKARTE

Schweizer Fakten
Faits Suisses
Fatti Svizzeri
Fatgs Svizzers

@schweizer_fakten

Schweizer Fakten
Faits Suisses
Fatti Svizzeri
Fatgs Svizzers

0,08%

der Schweizer sprechen das Wort «Steak» richtig aus.

@schweizer_fakten

POSTKARTE

Schweizer Fakten
Faits Suisses
Fatti Svizzeri
Fatgs Svizzers

@schweizer_fakten

Schweizer Fakten
Faits Suisses
Fatti Svizzeri
Fatgs Svizzers

99,3%

der Schweizer sehen auf ihrem Swisspass aus, als wären sie zur polizeilichen Fahndung ausgeschrieben.

@schweizer_fakten

POSTKARTE

Schweizer Fakten
Faits Suisses
Fatti Svizzeri
Fatgs Svizzers

@schweizer_fakten

Schweizer Fakten
Faits Suisses
Fatti Svizzeri
Fatgs Svizzers

98,2%

der Schweizer entschuldigen sich, wenn jemand in sie reinläuft.

POSTKARTE

Schweizer Fakten
Faits Suisses
Fatti Svizzeri
Fatgs Svizzers

@schweizer_fakten

Schweizer Fakten
Faits Suisses
Fatti Svizzeri
Fatgs Svizzers

97,4%

der Schweizer fragen im Zug «Isch da na frei?», obwohl der Sitzplatz offensichtlich frei ist.

POSTKARTE

Schweizer Fakten
Faits Suisses
Fatti Svizzeri
Fatgs Svizzers

@schweizer_fakten

Schweizer Fakten
Faits Suisses
Fatti Svizzeri
Fatgs Svizzers

99,1%

der Schweizer nerven sich, wenn sie im Ausland auf Schweizer treffen, verbringen dann aber trotzdem die ganzen Ferien mit ihnen.

POSTKARTE

Schweizer Fakten
Faits Suisses
Fatti Svizzeri
Fatgs Svizzers

@schweizer_fakten

Schweizer Fakten
Faits Suisses
Fatti Svizzeri
Fatgs Svizzers

95,9%

der Schweizer singen mit, wenn im Radio «I schänke dr mis Härz» läuft.

@schweizer_fakten

POSTKARTE

Schweizer Fakten
Faits Suisses
Fatti Svizzeri
Fatgs Svizzers

@schweizer_fakten

Schweizer Fakten
Faits Suisses
Fatti Svizzeri
Fatgs Svizzers

95,7%

der Schweizer Dörfer haben ein Restaurant «Hirschen» oder «Löwen».

POSTKARTE

Schweizer Fakten
Faits Suisses
Fatti Svizzeri
Fatgs Svizzers

@schweizer_fakten

Schweizer Fakten
Faits Suisses
Fatti Svizzeri
Fatgs Svizzers

97,1%

der Schweizer bestellen einen «Expresso».

@schweizer_fakten

POSTKARTE

Schweizer Fakten
Faits Suisses
Fatti Svizzeri
Fatgs Svizzers

@schweizer_fakten

Schweizer Fakten
Faits Suisses
Fatti Svizzeri
Fatgs Svizzers

97,3%

der Schweizer sagen «Ich will ja nöd motze, aber...», bevor sie sich beschweren.

@schweizer_fakten

POSTKARTE

Schweizer Fakten
Faits Suisses
Fatti Svizzeri
Fatgs Svizzers

@schweizer_fakten

Schweizer Fakten
Faits Suisses
Fatti Svizzeri
Fatgs Svizzers

98,9%

der Schweizer haben die Cumulus-Karte/Supercard stets griffbereit.

@schweizer_fakten

POSTKARTE

Schweizer Fakten
Faits Suisses
Fatti Svizzeri
Fatgs Svizzers

@schweizer_fakten

Schweizer Fakten
Faits Suisses
Fatti Svizzeri
Fatgs Svizzers

95,1%

der Schweizer finden es frech, wenn der Besuch nicht anbietet, das Geschirr abzuräumen, lehnen es aber ab, wenn man es doch tut.

POSTKARTE

Schweizer Fakten
Faits Suisses
Fatti Svizzeri
Fatgs Svizzers

@schweizer_fakten

Schweizer Fakten
Faits Suisses
Fatti Svizzeri
Fatgs Svizzers

97,4%

der Schweizer hängen anonyme Briefe in den Eingangsbereich, wenn sie ein Problem mit den Nachbarn im Haus haben.

POSTKARTE

Schweizer Fakten
Faits Suisses
Fatti Svizzeri
Fatgs Svizzers

@schweizer_fakten

Schweizer Fakten
Faits Suisses
Fatti Svizzeri
Fatgs Svizzers

99,9%

der Schweizer sagen zwischen 11.30 und 13.00 Uhr jeder Person, der sie begegnen, «En Guete».

POSTKARTE

Schweizer Fakten
Faits Suisses
Fatti Svizzeri
Fatgs Svizzers

@schweizer_fakten

Schweizer Fakten
Faits Suisses
Fatti Svizzeri
Fatgs Svizzers

98,6%

der Schweizer halten das Steuerrad umgehend mit beiden Händen fest, sobald sie ein Polizeiauto sehen.

@schweizer_fakten

POSTKARTE

Schweizer Fakten
Faits Suisses
Fatti Svizzeri
Fatgs Svizzers

@schweizer_fakten

Schweizer Fakten
Faits Suisses
Fatti Svizzeri
Fatgs Svizzers

99,9%

der Schweizer können weder jodeln noch Alphorn spielen.

@schweizer_fakten

POSTKARTE

Schweizer Fakten
Faits Suisses
Fatti Svizzeri
Fatgs Svizzers

@schweizer_fakten

Schweizer Fakten
Faits Suisses
Fatti Svizzeri
Fatgs Svizzers

0,04%

der Schweizer sind fähig, zuerst die anderen aus dem Zug aussteigen zu lassen.

@schweizer_fakten

POSTKARTE

Schweizer Fakten
Faits Suisses
Fatti Svizzeri
Fatgs Svizzers

@schweizer_fakten

Schweizer Fakten
Faits Suisses
Fatti Svizzeri
Fatgs Svizzers

96,1%

der Schweizer sagen «Ou, lueg emol, en Heli!», wenn ein Helikopter in der Luft ist.

@schweizer_fakten

POSTKARTE

Schweizer Fakten
Faits Suisses
Fatti Svizzeri
Fatgs Svizzers

@schweizer_fakten

Schweizer Fakten
Faits Suisses
Fatti Svizzeri
Fatgs Svizzers

98,2%

der Schweizer hatten auf der Schulreise ein Minipic dabei.

POSTKARTE

Schweizer Fakten
Faits Suisses
Fatti Svizzeri
Fatgs Svizzers

@schweizer_fakten

Schweizer Fakten
Faits Suisses
Fatti Svizzeri
Fatgs Svizzers

0,06%

der Schweizer halten sich beim Feierabendbier an die Vorgabe «Aber nur uf eis».

POSTKARTE

Schweizer Fakten
Faits Suisses
Fatti Svizzeri
Fatgs Svizzers

@schweizer_fakten

Schweizer Fakten
Faits Suisses
Fatti Svizzeri
Fatgs Svizzers

96,4%

der Schweizer finden sich «frech» und «ausgeflippt», wenn sie im Sommer Raclette oder Fondue essen.

@schweizer_fakten

POSTKARTE

Schweizer Fakten
Faits Suisses
Fatti Svizzeri
Fatgs Svizzers

@schweizer_fakten

Schweizer Fakten
Faits Suisses
Fatti Svizzeri
Fatgs Svizzers

97,9%

der Schweizer reden täglich übers Wetter.

@schweizer_fakten

POSTKARTE

Schweizer Fakten
Faits Suisses
Fatti Svizzeri
Fatgs Svizzers

@schweizer_fakten

Schweizer Fakten
Faits Suisses
Fatti Svizzeri
Fatgs Svizzers

100%

der Schweizer sind entweder ein Migros-Kind oder ein Coop-Kind.

@schweizer_fakten

POSTKARTE

Schweizer Fakten
Faits Suisses
Fatti Svizzeri
Fatgs Svizzers

@schweizer_fakten

Schweizer Fakten
Faits Suisses
Fatti Svizzeri
Fatgs Svizzers

99,1%

der Schweizer stehen beim Gate bereits an, noch bevor das Boarding beginnt.

@schweizer_fakten

POSTKARTE

Schweizer Fakten
Faits Suisses
Fatti Svizzeri
Fatgs Svizzers

@schweizer_fakten

Schweizer Fakten
Faits Suisses
Fatti Svizzeri
Fatgs Svizzers

99,6%

der Schweizer schauen im Lift schweigend auf den Boden.

@schweizer_fakten

POSTKARTE

Schweizer Fakten
Faits Suisses
Fatti Svizzeri
Fatgs Svizzers

@schweizer_fakten

Schweizer Fakten
Faits Suisses
Fatti Svizzeri
Fatgs Svizzers

0,04%

der Schweizer denken beim Einkaufen daran, an der Kasse nach Gebührensäcken zu fragen.

@schweizer_fakten

POSTKARTE

Schweizer Fakten
Faits Suisses
Fatti Svizzeri
Fatgs Svizzers

@schweizer_fakten

Schweizer Fakten
Faits Suisses
Fatti Svizzeri
Fatgs Svizzers

98,1%

der Schweizer freuen sich, wenn ihre Gäste «e gueti Luune» mitbringen.

POSTKARTE

Schweizer Fakten
Faits Suisses
Fatti Svizzeri
Fatgs Svizzers

@schweizer_fakten

Schweizer Fakten
Faits Suisses
Fatti Svizzeri
Fatgs Svizzers

95,5%

der Schweizer haben eine eigene Bohrmaschine, obwohl sie diese höchstens einmal im Jahr benutzen.

POSTKARTE

Schweizer Fakten
Faits Suisses
Fatti Svizzeri
Fatgs Svizzers

@schweizer_fakten

Schweizer Fakten
Faits Suisses
Fatti Svizzeri
Fatgs Svizzers

97,7%

der Schweizer ist es peinlich, wenn man im Restaurant für sie «Happy Birthday» singt.

POSTKARTE

Schweizer Fakten
Faits Suisses
Fatti Svizzeri
Fatgs Svizzers

@schweizer_fakten

Schweizer Fakten
Faits Suisses
Fatti Svizzeri
Fatgs Svizzers

96,3%

der Schweizer haben als Kind Nielen geraucht und/oder Süssholz gekaut.

@schweizer_fakten

POSTKARTE

Schweizer Fakten
Faits Suisses
Fatti Svizzeri
Fatgs Svizzers

@schweizer_fakten

Schweizer Fakten
Faits Suisses
Fatti Svizzeri
Fatgs Svizzers

0,01%

der Schweizer freuen sich, wenn man sich im Zug neben sie setzt.

@schweizer_fakten

POSTKARTE

Schweizer Fakten
Faits Suisses
Fatti Svizzeri
Fatgs Svizzers

@schweizer_fakten

Schweizer Fakten
Faits Suisses
Fatti Svizzeri
Fatgs Svizzers

97,2%

der Schweizer lügen den Kellner bei der Frage «Isch alles guet gsi?» an.

POSTKARTE

Schweizer Fakten
Faits Suisses
Fatti Svizzeri
Fatgs Svizzers

@schweizer_fakten

Schweizer Fakten
Faits Suisses
Fatti Svizzeri
Fatgs Svizzers

99,1%

der Schweizer schauen an der Tankstellen-Kasse nochmals aus dem Fenster, um zu prüfen, an welcher Säule sie getankt haben.

POSTKARTE

Schweizer Fakten
Faits Suisses
Fatti Svizzeri
Fatgs Svizzers

@schweizer_fakten

Schweizer Fakten
Faits Suisses
Fatti Svizzeri
Fatgs Svizzers

98,5%

der Schweizer hatten als Kind eine Flik-Flak-Uhr.

@schweizer_fakten

POSTKARTE

Schweizer Fakten
Faits Suisses
Fatti Svizzeri
Fatgs Svizzers

@schweizer_fakten

Schweizer Fakten
Faits Suisses
Fatti Svizzeri
Fatgs Svizzers

0,03%

der Schweizer sprechen das Wort «Brunch» richtig aus.

@schweizer_fakten

POSTKARTE

Schweizer Fakten
Faits Suisses
Fatti Svizzeri
Fatgs Svizzers

@schweizer_fakten

Schweizer Fakten
Faits Suisses
Fatti Svizzeri
Fatgs Svizzers

98,2%

der Schweizer haben als Kind Blockflöte gespielt.

@schweizer_fakten

POSTKARTE

Schweizer Fakten
Faits Suisses
Fatti Svizzeri
Fatgs Svizzers

@schweizer_fakten

Schweizer Fakten
Faits Suisses
Fatti Svizzeri
Fatgs Svizzers

100%

der Schweizer essen am 1. August Cervelat.

POSTKARTE

Schweizer Fakten
Faits Suisses
Fatti Svizzeri
Fatgs Svizzers

@schweizer_fakten

Schweizer Fakten
Faits Suisses
Fatti Svizzeri
Fatgs Svizzers

99,7%

der Schweizer wollen endlich mal ihren Keller aufräumen. Diesmal aber wirklich.

POSTKARTE

Schweizer Fakten
Faits Suisses
Fatti Svizzeri
Fatgs Svizzers

@schweizer_fakten

Schweizer Fakten
Faits Suisses
Fatti Svizzeri
Fatgs Svizzers

97,2%

der Schweizer waren über Ostern schon im Tessin.

@schweizer_fakten

POSTKARTE

Schweizer Fakten
Faits Suisses
Fatti Svizzeri
Fatgs Svizzers

@schweizer_fakten

Schweizer Fakten
Faits Suisses
Fatti Svizzeri
Fatgs Svizzers

96,7%

der Schweizer können sich einen Satz ohne «oder» am Ende nicht vorstellen, oder.

@schweizer_fakten

POSTKARTE

Schweizer Fakten
Faits Suisses
Fatti Svizzeri
Fatgs Svizzers

@schweizer_fakten